JN158163

その悩みはまちがいの警告だ

熊澤次郎

JDC

はじめに

この世の中で我々が、求めなければならないのは、心の安らぎである。

苦しみや悩みは、まちがいの警告であることに気づいて、早く取り除くことが、明るく楽しく生きるコツである。

体験に基づいて、苦悩のときに助けられた内容を取り上げ、お伝えすることが出来ることに幸せを感じている。

少しでも苦悩を取り除き、幸せな人生の参考になれば幸いである。

現状把握は大変重要である
正しく現状を知れば
方向を誤らず進むことができる

現状を正しく把握するためには
静かな雰囲気で
すべてに感謝しながら
客観視すると良い

時の流れは　いま
良い方向へ進むために修正している

人間の正しい生き方に気づくように
隠されているものを湧出し調和に
向かっての修正である

悩める者には　悩むことの原因があり
病める者には　病むことの原因がある

まちがいを詫び、二度と繰り返さないように
その原因を修正すればよいのである
苦悩も、病気も
まちがいへの警告なのだから

天のプログラムは
「それはまちがいですよ」とは
教えてくれない
苦しみや悩みによって知らしめている

だから「反省」は、まちがいを正し
心をきれいにして
輝ける未来に向かって進むものである

苦悩（病気を含む）は
思ったこと行ったことを
反省する機会が与えられたと
感謝しなければならない

私たちは、思考と行動に於いて
誤りがあれば
苦悩を生ずる仕組みにつくられているのである

楽しいはずの人生が
苦しみとなる
なぜだろう
その　すべての原因は
自分にある

思ったこと、行ったことの結果が
いまの自分をつくっている
苦しみの原因を、とり除くことから始めよう

どうすれば、その苦しみから解脱することが出来るのか

それは、その苦しみの揚げ句に、神に祈りたくなる。

その心はどうして起こってくるのであろうかと考え始めるところから、苦の解脱は始まるのである。

「苦しみ」を「苦しみ」とだけ考えて「どうぞこの苦しみを、救って下さい」と祈る他力本願の心の中には、いつも苦しみが描かれ想念されているから、自分の心の中に苦しみを描き想念している間はその苦しみはなくならない。

今、現われている苦しみは、過去に自分が描き想念した心の結果なのであるから、その現実の苦しみは苦しみとして見ながら、心の中に、忘れていた神を思い出して感謝し、本当の神の子の自分の意識を取り戻さなければならないの

だということに気づいて、その苦しみは、本当の自分にかえれという警告だったのである、と感謝するようになると、その苦しみは自然になくなってくるのである。

なくなるばかりではなくて、その苦しみを見ながら、心の中に感謝の思いがいっぱいであるから、その感謝の明るい心が現象化して幸福が来るのである。

こうなることを昔から「禍転じて福と為す」といってきたのである。

園頭広周著「祈願文の解説」より

特に「その苦しみは、本当の自分にかえれという警告だったのである」と感謝し、過去の思いや行いを省て、まちがいのところを修正すると苦しみは自然になくなり、楽しくなっていた経験をしている。

アガシャの言葉

恐れてはならない。なぜなら、恐怖するその心は、そのもっとも恐れているものを生み出し、引き寄せるからである。

常に快活で愉快であれ。あなたの生活の毎日を美しく生きるように努力せよ。即ちあなたの周囲にあるものは何事でも、楽しく受けて生活するようにせよ。自分には楽しく受けることができないと思えるようなことに対しても、あなた自身の意識の中で調和せよ。

あなたは、あなたがなした「善業」を受けるために生まれてきている。

そして、あなたの魂が、あなたの王国に持ち込んだすべてのものから教えを受けるために生まれてきているのである。

そしてあなたの「王国」はあなたが意識し想念しただけのものである。

（どのようなすばらしいことを想念したとしても、想念しすぎたと思ってはならない。

神の王国は、あなた方がどんな想念をしてもそれでもなお想念することはできないほどすばらしく美しい世界であるからである。）

J・クレンショー著
西村一郎訳
園頭広周監修
「アガシャの霊界通信」より

恐怖心や善くないことを想ったとき、次のように祈りなさいと教わった。「私は、わたしの主人公であり、全能者である。いかなる悪も私のものではない。私は、平和であり、私は光であり、私はすべてである。私は私自身完全であり、宇宙そのものと一体となるものである」この祈りを常に念ずるようにしている。そうして心の平静を取り戻している。

その人の心が感謝で満ち溢れているとものごとがうまく運んで行く

特に、親・兄弟姉妹への感謝が
ものごとをうまく運ぶ源になる
つまり、親孝行が
すべてものごとをうまく運ぶ源になる

運命をよくするためには
常に　善いことを想うこと

善いことを想うためには
すべてに感謝すればよい
そして積極的に行動すると、必ず道は開いていく

感謝をすると
思考がすべて「善」になる
「善」は心を明るくし
行いも「善」となる

「善」なる行いを続けると
心は安らかになり
自分自身を進歩向上の世界へ
導くことができる

ものごとが上手く運ぶには
どうすればよいか

知るべきことを知る
行るべきことを行る
すべてに感謝する

相手を褒めることや
認めることの
苦手な人は
どうすればいいのだろう

常に、善いところを見る習慣をつけると
褒めることができる
褒め言葉はタイミングよく活用しよう
認める心は、感謝の心を持ち
心が安らかになると認めることができる

病気　外傷
いろいろと起こる問題は
自分を進歩向上へ導くために起こる

「これでまた、向上できる。ありがたいことだ」と考えるようになると善い種を蒔いたことになる

想念帯について

心の状態や、考えていることは、意識に記録されるテープのように、全部記録されるのである。そして、それは残るのだ。

我欲の強い人々は、赤い文字で記録されているし、中道を逸した行動や想念も赤字で記録されているのだ。

恨み、妬み、怒り、そしりなど、自己保存、自我我欲の思いなど、全て意識に残ってしまうのである。

とりわけ慈悲深い思いやりの心や行為は、黄金色の文字で記録されている。

中道の生活をしていると、一般の黒地で記入されているものだ。

もし恋愛をしている場合などは、相手の名前が、幾条にも記録されている。

悩みの多い人々の意識は、暗い霊囲気に包まれ、非常に重い。

中道を歩む、偏りのない人々の心は、光明に満ちており、非常に軽い。赤字で記録されている人々は、自ら暗い想念を造り出しているのでる。つまり、一秒一秒の本当の心と行いがすべて私たちの意識のなかに残って行くということだ。

そうならないためには、心のなかにくらい想念を造らない生活が大切である。もしそれを造り出してしまったときは、中道という心の物差しで、自分の思ったこと、行ったことをよく反省することが大事である。人間である以上、誤りも犯そう。

反省のチャンスは神が私達に与えた慈悲なのである。

私たちの記録のテープには、反省すると不調和な部分の隣に、その反省の事実が記入される。

そうした意味で私達の心の記録装置は、もっとも精妙であると言えよう。

高橋信次著「心の原点」より

想念帯

五官を通して得た想念と行為が一切記録されている意識の層。
つまり、過去世の記録と現世の経験の記録集積所。
二十四時間、年中無休の記録と経験の連続集積となる。
現在の運命は、ここで握られて決まってくる。
つまり、職業的、経済的、名誉的、地位的といろんな面にわたって決まってくる。
各人の運命には上限と下限がある。

園頭広周著「心行の解説」より

運命をよくする

人間は、幾つになっても己の個性（心・魂）を磨くようにプログラムされている。自分の人格の向上に相応しい問題が、現われるようにプログラムされているのは、なんとも、不思議で仕方がない。

現代社会は、自国さえよければ、自社さえよければ、我家さえよければ、自分さえよければ他はどうでもよいとする人をつくり出している。

それで幸せになって行くかと言うと、そうはいかない。至るところに、競争、闘争、戦争、破壊があり、多くの犠牲者を見る。

このような時代であり時期だから、しっかり自分を観つめよう。そして、運命は自分でつくるものだから、運命をよくする生き方について考えてみたい。

類は類をもって集まる法則がある。

考え方の似ている人、気心の合う人などが集まる。明るい人は明るい人同士、暗い人は暗い人同士が集まる。

運命論者で運命は決まっているからと言って努力をしない人や、なんでも、他人に頼る人もいる。

また、自分をよく観つめ、仲間と助け合い、補い合いながら人格を向上していた人が、突然自己中心になり、自分の言うことを聞かなければ仲間ではない…などと変心する人もいる。

「朱に交われば赤くなる」の諺のとおり、人は環境によって、良くもなるし悪くもなる。特に人間関係、中でも取引先関係者や友人の関係はその感化力を大きくする。

お金儲けを重点的に考えている人の集まりがあり、享楽にふける人の集まりもある。少し深くものを考える人は、その集団を利用しながら商売する人もいる。

どのような集団（会社等を含む）があるにせよ、問題が起こることは、修正しなければならないところを教えられていることに、気づかなければならない。
特に影響力をもつ人との付き合いは、充分に注意して選ばなければならない。

そこで、よき友、よき人間関係は

① 助け合い・補い合い・励まし合いのできる人
② 人間の正しい生き方をアドバイスできる人
③ やるべきことを精一杯努力する人
④ やさしく気遣ってくれる人
⑤ どうすればよいかを考えている人 …… など

これらの人を選んで付き合っていると、知らず知らずのうちにものごとがうまく行き、人格も向上し、運命もよくなる。

人の心は、善いことも悪いことも考える。明るい人もいれば、暗い人もいる。常に善いことを考えていれば、運命をよくすることができる。

では、常に善いことを考えるためには、どうすればよいか。

それは、感謝すること。全てに感謝をする。

例えば、病気になった。この場合、病気に感謝をする。なぜなら、元々、病気はなく、何かがまちがっていることを、病気で知らせてくれているのだから感謝をして当然である。

なぜ、常に善いことを考え、悪いことを考えるといけないのか。

それは、悪いことを考えると、心に安らぎがないからである。心安らかでない人の運命が、よくなるはずがない。

特に、注意しなければならない想念は、恐怖心、不平不満、憎悪、怒りなどである。これらの想念は、非常に運命を悪くする。

悪い想念から自分を守る方法は、黄金の光の中に自分が包まれていることを、心の中に明確に描くことである。

だから、黄金の光に包むことを習慣化すると守られている自分を実感するだろう。

黄金の光の中に包まれている自分を習慣化するところから発するエネルギー

は、心の中には常に善い世界が生じる。

自分の納得する理想の世界、つまり、天国を描くことによって運命を善くすることができる。

天国を描くことが難しいという人には、次のことを考えてもらいたい。

われわれは、与えられたその環境の中で、如何に、有意義な人生を送り、豊かな心をつくり、調和された環境をつくり出してゆくかを、考えてみる。

夢をいっぱいに膨らませてみよう。

そうすると、理想の世界（天国）に近づいていく自分の考え方がまとまってくる。

運命をよくするためには

① よき友・よき人間関係を選ぶこと
② 全てに感謝をする。まちがいに気づくこと
③ 黄金の光の中に包まれている自分を想念する
④ 自分の心の中に天国を描く
⑤ よい運は、ものの考え方を善くすること

さあ、できることから創意工夫をして始めよう
実践すれば、必ず成果が出るようになっている

善くなる法

最近、特に、人間の目に見えない心の働きと身体との関係が、少しずつではあるが理解できてきた。と同時に、ものごとが上手く運ぶ人とそうでない人がいることも、心との関連で多少なりとも整理できてきた。

人は、誰しも、ものごとが上手く運ぶことを望むだろう。にもかかわらず、ものごとが上手く運ぶ人とそうでない人とがいるのは、どうしてなのだろうか。

精神と身体の関連性を精神医学では、心身相関といわれている。

面白可笑しいときには笑い、悲しいときには涙する。怒りは我欲をむき出し、不安は恐怖への扉を開けるなど、激しい感情の動きで身体的表現を伴うなど、心身相関のひとつである。

これらの表現と同じように、心を中心にしてものごとの運び具合が決められていくと思うのである。

心は、ものを思ったり、考えたりする意識の中心を成している。この中心が、あなた自身の全てを決定していると言っても過言ではない。

そこで、ものごとが善くなる法を、考えてみたい。がその前に、自分の存在について考えなければならない。

いま、現在、自分が存在するのは、誰も否定することのできない事実である。

自分とは、大宇宙の生命を自ら分け与えられたものである。

大宇宙の中心である一大生命エネルギーから各自に生命（いのち）エネルギーが与えられている。

その「いのち」を授かった両親をはじめ、先祖そして、その根元である一大生命エネルギーに感謝できることが、自分の存在を意義あるものにするだろう。

自分の生命エネルギーは、太陽の光を根元に大自然のエネルギーによって育まれてゆく。

だから、いま自分の生命エネルギーを存分に生かすことが、大変重要なことではないかと思うのである。

たった一人の自分なのだから…。

ありがたい（有ることが大変難しい）存在なのである。

他人も同じではないかと言われる方もいる。そのとおりである。

しかし、各自の存在は、使命を持ち、それぞれに役割を果たすための必要な生命（いのち）エネルギーを与えられている。

だから、各自の「いのち」は尊いものであることを充分理解しなければならない。そのことを理解することが、自分を生かすことに直結する。

自分の生命エネルギーを生かすことに、心の底から感謝できることを、ものごとが善くなる法の前置きにしたい。


ものごとが善くなる法を、実践する最初は、何をすればよいのだろうか。

それは、全てを「感謝のこころ」で受けとめることである。

たとえば、働くことが、喜びのうちに過ぎていく人もいれば、不平不満、愚痴や嫉妬で過ぎていく人もいる。前者は「きょうも一日ありがとう」と終わり後者は「コキ使われた。イヤなことばかりさせられた」となる。

前者のように「ありがとう」の心で受けとめられる人は、ものごとがうまく運び、後者は、多くの場合ミスやロスを出し、成果はよくない。

また、病気になる人とならない人がいる。ということは、病気にならないのが通常である。

そこで、病気になった人は、なぜ病気になったのかを深く考えるとよい。必ず、まちがいに気づくだろう。

病気に感謝せよとは、まちがいに気づかせて頂いたことに対してである。

だから、全てを感謝のこころで受けとめることが最初の実践である。

天のプログラムは、次のようなシステムになっている。

各自の生命エネルギーの中心である心が善の思考で実践すれば、ものごとは順調に運び、まちがいの思考で実践すれば、そのまちがいの度合によって知らされる。

その気づかされる内容は自ずと違う。事故、病気、苦悩など、各自のまちがいによって、さまざまである。ありがたいものだ。

感謝のこころで、何事も受けとめることができるようになると、次は、善いことのみを想うことに努力する。

ほんとうに「感謝のこころ」で、ものごとを受けとめるようになれば、思善システムに移行するのは、実に速いと思うのである。

常に、善いことを想うようになると、すべてにおいて、積極的に活動するようになる。

ものごとが善くなる法をまとめると

① 全てを感謝のこころで受けとめる
② 常に、善いことを想う
③ 善いと知れば、積極的に行動する

全てを感謝のこころで受けとめる智慧を引き出そう。

腹立たしい相手を赦すことは
自分の器を大きくすると同時に
心に暖かさを感じる

自分の心の管理者は自分だから
考え方ひとつで　どうにでもなる
独善にさえならなければである

叱ることは　相手のためを思い
相手の幸せを願うところから生じる
怒ることは　自分だけのことを思い
自分の思いどおりにならないと生じる
叱ることは　自分を向上へ導き
怒ることは　自分を地獄へ誘う

自分の心を苦しめるような
例えば悪口などを耳にしたとき
それを断ち切って
平静を保つ心を
持つことができる道がある

それは、どんないやなことを聞いても、果たして、言われる原因はどこにあったのか、もう一度考えてみることが大事であって、それが正しく聞くということ。

それを心の栄養にすること。ところが心の栄養にせず、すぐ感情的になって苦しみをつくり出す。

園頭広周著「人間主義経営学」より

「怒り」を覚えれば
相手の人が
「幸せになりますように」と祈り
「愚痴」が出てくれば
自分の未熟さに気づいて
勉強すればよい

そうすれば
怒りや愚痴を心から離すことができる

他人の言葉に毒されて
自分を見失う

そんな
愚かな自分に気づかない人は
「なぜ」「どうして」と
考える習慣を付けて
修正するとよい

慎㆓言語㆒、節㆓飲食㆒。（易経頤象）

言語を慎み、飲食を節する。

中国古典名言辞典によると
禍いを招きがちなことばを慎んで、心徳を養い
暴飲暴食を避けて身を養うということとある
争いごとが生じるもとは言葉の用い方にあると
昔の人はことばを慎むように教えている

日常の会話を耳にするとき
自分の心が
相手の幸せを思っていればいるほど
他人の悪口ほど退屈なものはない
悪口を言っている人の幸せを
祈るばかりである

悪口撃退法

凡そ、人の集まるところに悪臭が発生する。誰からともなく発せられる他人の批評、中傷、悪口のことである。

ここで、悪口撃退法について考えてみたい。

部屋の中に悪臭があれば、窓を開け風通し良く換気をして追い出す。

人の集まるところに他人の批判や悪口、中傷があればどのようにするだろう。他人と同じように批判や悪口に花を咲かせているだろうか。相槌を打ちながら笑いで誤魔化しているだろうか。それとも、あなたひとりが多くを敵にまわし、やり玉にあがっている張本人の弁護士になっているだろうか。

あなたならどうする?

話す側も聞く側も、面白おかしく時を過ごすが、その後の実に不愉快な感じは、少なからず誰もが経験しているのではないだろうか。

悪口を言われると怒りを覚え心を悩ませる人は多い。特に、直接言われるよりも、間接的に「誰々が、あなたのことをこんな風に言っていたよ」と言われると嫌悪感を抱く。少し神経質な人は顔色を変え、言いようのない不快感を覚える。闘争心を抱くことさえある。

会社組織では評価が下がり、転勤、左遷など本人の知らないところで、別の自分、つまり、他人に見られている自分が出来上がっている。自分が考えている自分とは随分かけ離れた自分になっている。

このようにして「自分」は他人によってつくられていることが多い。


犬の種類に、スピッツという小さくて可愛い犬がいる。この犬は実によく吠える。弱虫を暴露しているようだ。人は弱虫人間ほど群がることを好む。一人ひとりはお人好しであっても群がると悪事を働く。赤信号みんなで渡れば恐くないの心理である。

集まって悪口を言うのは嫉妬心の強い証であり、実力に乏しい小人にも多い現象である。また、そのような人の多くは心に隠しごとをもっている寂しい人であろう。夫婦間のことであったり親子のことであったり金銭的なことであったり男女間のことであったりする。

悪口を言っているときは実に楽しげに語り、恰も真実であるが如く話しているが、少し詰めて聞くと、他人から聞いた話だから解らない、などと上手く逃げる。他人の批判や悪口そして中傷は自分をよく見せようとする心の働きである。このような人は素直に「ハイ」と人の話を聞かない。

このように、心の寂しい、嫉妬心の強い、弱虫人間が他人の悪口を言う。

では、悪口撃退法はどうすればよいか。

① 仲良し法
悪口を言っている張本人に近づき　仲良くする方法。

同じ職場で恨んだり怒っていられないときに活用すると効果はある。どのように効果が現われるかと言えば、必ず、良い評判に変わる。但し、仲良くするときにはその人に対し「あなたも神の子です。他人の悪口など言う人ではありません」と祈ることである。

そして、みんな私を好いている、と心を明るくしておくことがポイントとなる。

② 瞑想法

瞑想をして張本人を自分の心に描き「この人が幸せになりますように、他人の悪口など言う人ではありません」と祈ると、相手の態度は見る見る変化を起こし、自分の心も安らいでゆく。

③ ヘーソー法

人の悪口を言う輩を相手にせず、自分が悪口を言われたのは何故か、どこに原因があるのかと反省をする。悪かったところは修正をして天を相手に生活をする。

話し相手は天であり自分の中心の臍である。
天を仰いで神と対話し臍に話をして納得する。
真理を知り、神の子であることの自覚を強める。

全て神の子でありながら、他人の悪口や批判中傷をする人は少なくない。殆どの人がその仲間であろう。他人の批判や悪口、そして中傷をしている人は、心の安らぎは得られない。なぜなら作用と反作用、原因と結果の法則によるからである。

他人の善いところを話す人には、
明るい未来が待っている。

悪口撃退法である仲良くすることや、祈り、そして、神を相手に生きること
など、全ては、自分の心のもち方次第である。
なによりも、まず、自分自身が他人の批判や悪口、そして中傷をしないこと
である。

三歳までにどのような躾がなされたか

「三つ子の魂　百まで」という諺がある。その躾が子供の一生を支配し、運命も決まってくると言われている。その特に重要な時期に、よいものを引き出すのとそうでないのとでは、成長の過程に於いて随分と変化が生じることは間違いない。

躾とは、

心の中に内在するよいものを継続的に引き出すことである

人を尊敬しない子が増えている原因は

① 子供の前で夫婦喧嘩をする家庭が多い

② 家族や知人の前で他人の噂話をする親が目立つ

③ 愛を感じる行為のない家庭が増えている……など

夫婦間で「ハイ」の返事がないと、拝む・尊敬するという動作表現をしなくなり、信頼関係も薄れる。

常に善いことを想うことが安心・成功・幸福への鍵

悪い想いは、相手の心と自分の心という土壌に毒の種を蒔いていることになる。だから、常に善いことを想うためには、反省することと、感謝の心をもつこと。そこには智慧が必要になる。

自己確立の基本は
善悪の全てを自分の責任と考える

① 自己の確立は、真理を知って実践した上に成り立つ

② 自己の確立は、反省をして二度と同じ誤りを繰り返さない上に成り立つ

③ 自己の確立は、向上の過程において、自分に相応しい問題を解決した上に成り立つ

④ 自己の確立は、家族・友人・知人・師、すなわち人皆師を教材とした上に成り立つ

⑤ 自己の確立は、何をどのように教材とするのかに気づいた上に成り立つ

⑥ 自己の確立は、仕事も家庭も全ての人間関係を向上過程として学ぶ上に成り立つ

⑦ 自己の確立は、縁ある人々の幸せを願い善行をしていく上に成り立つ

⑧ 自己の確立は、神に頼るのではなく、法を活用する上に成り立つ

⑨ 自己の確立は、自分と共に多くの人々が救われていく上に成り立つ

⑩ 自己の確立は、心を法に向けて行動する上に成り立つ

心のエネルギーを正しい方向に活用しよう

心は、エネルギーである
エネルギーは、プラスとマイナスの働きしかない
プラスエネルギーを使えば善であり
マイナスエネルギーを使えば悪の結果が出る

逃げても逃げても
解決しなければならない問題は
必ず、自分の前に起こる
それは、天からのすばらしい贈りもの
この贈りものを素直に受け取って
ありがたく天に感謝する心が
逃避からの脱出になる

失敗は
「このようにしなければよい」ことを
学べばよい
そして、どうすることが良かったのかを
知ればよい

達成への道

われわれは、循環と変化の中で、生かされ生きている。生きることによって我々は、多くのことを学習する。その中で、あることには、納得したり、疑問を抱いたり、また、あるときには、満足感や苦悩を味わったりしているのが、学習の現場だと思う。日々、喜怒哀楽愛憎欲の感情を抱きながら生活しているのが現状であろう。

では、なぜ、納得することや、満足感を味わうこと、また、疑問に思うことや、苦悩することが起るのだろうか。それは、人生には、目的がある証なのだ。

われわれは、人生に目的のあることを、深いところで知っている。

人生には目的がある。その目的を達成するための学習を、日々行っている。

自分自身が人生の目的を達成するために、いま、地球学校で授業を受けていると意識すること。つまり、学ぼうとする心の在り方が、大変重要なことなのである。

学ぼうとしないで、日々、生活をしていると、苦痛を感じることが多く発生し、楽しくない。

会社組織に於いては、仕事をする場合、目標を達成するために、仕事の専門知識を教育する。また、よい仕事をするための、正しい順序方法を指導する。その後、現場で試行錯誤しながら、実施訓練を重ねていく。

学習は目標を達成するために必要なことである。がしかし、知識のみで、行動・実践が伴わない場合も多くある。

最近、特に気になる言葉のひとつに結果主義がある。「達成すれば、いいんでしょ！」とばかりに無理をとおす。

目標を達成する上で、一番大切なことは、「どのようにして達成するのか」を考えることである。創意工夫をして、明確に達成イメージが描けるようにすること。

次に、達成するまでの過程に於ける、努力と勇気が大事なのである。基本ルールを守り、コツコツと着実に努力する人は、必ず、それなりの成果を生むようになっている。

達成への道は学習することである。苦悩が生じてくれば「まちがいがありますよ」と気づかせていただいている。だから、まず、感謝しなければならない。そして、まちがいについて正していくことである。

また、苦悩が生じたことによって「学ばなければならないことがある」と気づき、何を学べばよいのかを知り、学習をすればよい。そうすれば、苦悩が生じたことによって成長向上し、達成への道が楽しくなる。

日々の生活に於いて、全てが「学習の場」であると自覚すれば、積極的な考えが生じてくるだろう。

自分が気づいて

自分で考え
自らが学習するようになったときはじめて
自分の心は成長を始める

多くを学び、いろいろと手法を凝らしているにもかかわらず、世の中、一向によくならないのはなぜかと言えば、自分さえよければ他人はどうでもよいと思い、仕事を単に金儲けの手段と考えていることに基因する。

達成への道は、過程を大切に、コツコツ努力することであり、如何にして達成するかという心の在り方である。

達成の原動力

達成への道では、目的と目標を明確にして、達成するための過程を大切に、コツコツと着実に努力することであり、如何にして達成するかというこころの在り方が大切であると記した。

そこで、そのこころのあり方について考えてみたいと思う。

人は、よく私に「宗教関係の方ですか」とか「経営コンサルタントですよね」とか言われる。その都度、にっこりと笑顔をつくりながら、「経営アドバイザーをさせてもらっています」と答えている。声をかけて頂く方は、その人の考えを素直に表現して頂くので気持ちがよい。

人生の経営においても、会社の経営にしても大宇宙の法則を知り、その中で「人間の正しい生き方を学ぶ」ことであり「人を生かす」ことであると、私は思っている。

桜の木に椿の花が咲かないように、人間にはそれぞれに個性がある。その個性を「磨く」ことと「生かす」ことのアドバイスもさせてもらって、四十数年が過ぎている。いままでの人生に於いて学んだ多くの知識や経験、また、それを実践して得た知恵を私は、貴重な財産だと思っている。

目的達成に関しては「できる」と堅く信じて行動している自分を、別の自分が観ていることがある。そのようなときは、必ず、目的に向かって、積極的に行動を起こしている。そして目標達成への多くの知恵を得ている。

逆に「できるだろうか」と、少し不安を抱きながら事に向かうことがある。不安材料を克服していない時は、却って力み、ものごとが思うように捗らない。「コト」が、うまく運ぶ場合は「できる」と信じて行動している。また「コト」が、うまく進まない場合は「できるだろうか」と信じる力が弱く、行動にもその結果がでているのである。

信念には強弱がある。その強いか弱いかが、「コト」の成否を決定していると言っても過言ではないだろう。

目標設定には、スポーツ、受験、売上…などいろいろとある。それらの目標を達成する原動力は、やはり信念であると熟々と想う。

信念の強い人は信念の弱い人を支配するので、話し方、言葉、態度、行動の全てにエネルギーが溢れている。

信念の強い人の説得力は、静かに、強く相手を支配している。決して大きな声を張り上げて感情的にはならないし、人に、ものを言わせないような表現もしない。

もし、そのような人がいたら、自分で自分を納得させることができない人であろう。このような人は、不安を感じているので信念が弱い。

では、如何にして、信念を強くするかである。

信念を強くする方法は、次のようにすると、強くなると考えられる。

① 自分が、いま、生かされ生きていることに深く感謝するとよい

② 自分一人では生きられない。全てのものに生かされている謙虚さをもつとよい
③ 自分でものを考え、決心、決断をし、実行責任をもつとよい
④ 目的、目標意識をしっかりと自覚し、行動するとよい
⑤ 自分の信念に対して、常に反省をし、何が正しいかを知って進むとよい
⑥ 真理を知る、正しいことを知ることは自信となり行動力が強くなる
⑦ 信じることが強くなれば、当然、力も強くなる
⑧ 思うことに不安を感じるのは、どこかに、まちがいがあることに気づくとよい

達成の原動力は、信念を強く持つことが大切である。

全てのことに感謝し、常に、正しいことを知るために反省をする。そして、責任ある行動をするために努力をしていると、ものごとは達成されていく。

日々、神の子の自分を自覚し、八正道に沿った生活をしたいものである。

＊八正道《はっしょうどう》

お釈迦さまが説かれた八正道とは、人生には、いろいろと苦しみや悩みが起こってくる。そうすると、その苦しみをなくしたい、その苦しみから逃れたいという心が起こってくる。

その原因を滅するには、

①正しく見ること　②正しく思うこと　③正しく語ること

④正しく仕事をすること　⑤正しく生活すること

⑥正しく道に精進すること　⑦正しく念ずること

⑧正しく定に入ること。

これら八つの行動基準を実践する以外にない。

八正道を日常生活に生かすには、勇気と努力そして強い意志が必要であると教えられている。

「反身修徳」

身《ミ》に反《カエ》りて
徳《トク》を修《オサ》む

（易経蹇象）

苦悩や困難など多くの問題が起これば、まず第一に、自分はどうであったか、その原因は何なのか、自然の法則の中に生かされ生きている我々は、他に転嫁することなく自分にある原因を追及し、よく反省をして、修正し、人間の正しい生き方を修めていく…とこのように解釈できる。

二行日記法

最初に二行日記法という治療法を提案しましょう。

二行日記法とは、まずその日のうちで安心で快く楽しかったことを一行だけメモとしてごく簡単に記します。一行しか書かないのは、後で何回も読み返す必要があり、それに便利だからです。書くことにはたいして意味はありませんが、毎日読み返すことに意味があります。読み返すことによって過去の記憶と対話する脳の「問合わせ機構」を再び活動させるのです。

二行のうちあとの一行は、ノートの後ろのページから書きます。書く内容は一日のうちで不安で不快だったことのメモです。これは一ヶ月後には破り捨てるつもりで書きます。

なぜこのような治療法がよいのか、少し説明しましょう。

ノートに鉛筆でメモするのは、脳の記憶の代役をさせるためだと考えてください。心が落ち込んでいる時は楽しいことがあっても気づかず、しかも記憶に残りにくいものです。しかし、少しでも楽しかったことは絶体に忘れてはいけません。それでノートと鉛筆の助けをかりるのです。一日ふり返ってみて楽しかったことが何もないようなら、おいしかった食べ物のことでもいいし、誰かが優しく話しかけてくれたひと言でもいいのです。

石田勝正著「生きる」より

最初は上手く行かないが、続けることが自分を変化させてくれる。喜び、たのしみは、忘れず必ず書くようにすると効果を得られる。

自然の法則によると
われわれの心（生命エネルギー）は
永遠なのだ
決して滅することはない

自分の心は死なない　永久に生きている
その証は想念帯を理解する上で重要である

心を丸くする

鳩尾辺りに、丸く豊かな黄金の光輝く心を描く。
心が丸く豊かで平静なときは、ものごとを深く考えることができる。

人間関係三つの力

① 人を観る力…観察力

・自分の心の安らぎを深める
常に何を学ぶのか、何を学ばされているのかを覚ること
悪を通して善を知り、善を通して大善を知ると
お釈迦さまは教えられている
・人に会うときは真剣勝負
人生に対する目的を明確にしておくこと

②　人を生かす力…説得力

・他人の長所を知る
天地の大徳これ生という（易経）
全てを生かすことが自然である
人間も生かすことが先決

・各自の役割を明確にすれば人は積極的に生きる

③　人と交わる力…交渉力

・真理を追究する
誰々が言ったからではなく、何が正しいのかを常に考える

・他人の話は最後まで聞く
笑顔で接し、適確な返事をする

知識は
智性を磨き　体験は
霊を磨く

心の学習は、霊を磨く体験を積み重ねることにある。

自分で蒔いた種は自分で刈り取る

因縁（心の法則）

・原因と結果の法則である

・釈尊は「善因善果・悪因悪果」と言われた

・キリストは「播いた種子は生える」と言われた

学び
実践することが
自分を生かす道

実践を怠ることなく、自分を生かしていく

人生は、何を、どう思うかによって変わる

① 明るく楽しい人生は、善エネルギーを使用すればよい
② 心の安らぐ人生は、苦悩の原因をつくらなければよい
③ 苦悩が起これば、原因を追究し、修正すればよい
④ 夢をもっている人は、勇気ある行動を起こしている
⑤ いま、修正しなければならないことは、いま修正する

素直になると
すばらしい自分に目覚める

素直になるためには、どうすればよいのだろうか
親に感謝すればよい

よく考え
良いと知ったら
即実践

「致良知」という言葉がある。「良いと知ったらすぐ致せ」という内容である。独善でなく、客観的に考えて良いと知ったことは、すぐに行動に移すと道は開けていく。

心は常に大掃除をして整理をしよう

明るく
楽しく
素直に生きよう
そして
多くの人々のお役に立とう

明るくとは、常に善いことを想うこと
楽しくとは、相手のために語ること
素直にとは、善いことは即実践する
――ということである。

小人之使、為国家、菑害並至。

（大学第四節）

小人《ショウジン》ヲ之《コ》レ使《ツカ》イテ、国家《コッカ》ヲ為《オサ》ムレバ、菑害《シガイ》並《ナラ》ビニ至《イタ》ル

くだらない人物を使って　国家を治めるならば、
天災や失政の害がしきりにやってくる

赤塚忠著「新釈漢文大系2」より

四書の一つに大学の書がある。紀元前四三〇年頃、宋の朱熹によって文章化されたと言われている。くだらない人物とは、私利私欲にかられた小人物。その小人物が人の上に立つと、国家は自ずから滅亡の坂を転落していく――　ということである。

夫婦仲のよい家庭は
親子の仲も良く
家庭に温かな味がある

ものごとが上手く運ぶのは
夫婦仲・親子の仲のよいことが
一番の基礎

人の話は最後まで聞いて
正しく判断するところに
ものごとが上手く運ぶ源がある

「自分はすばらしい」と思う心が
自分をすばらしい人間に育てていく

「自分はすばらしい」と思うためには
自分のできることを
積極的に実践すればよい

努力する人は　明るく
不平・不満・愚痴を言わず
創意工夫する人は　楽しく
「なぜ」「どうして」と考え
感謝する人は　素直に生き
勇気ある行動をする

自分には
自分を客観的に観ている
もう一人の自分がいる

他人を観る眼は
自分の〝ものさし〟でしかはかれない
自分の〝ものさし〟に気づかない人は
他人の偉大さにも気づかない

心の安らぎは感謝することから始まる

ものを大切にする躾から
感謝の心が生まれる
親を尊敬する躾から
善き人間関係が生まれる
躾は　善いことを教え
継続させることである

感謝の心は生きる原点

・感謝をすると、心が喜びに満たされ、心の器を大きくする
・感謝をすると、周りの環境がよくなり、いい結果に恵まれる
・感謝をすると、健康で積極的な生き方になり、善循環となる

この世に生を受け呼吸したときから、肉体と心は一体となっている。自然の恵みが私たちに与えられ、豊かな心をつくるようにプログラムされている。だから、感謝は、人格向上を最短で最善へ導く、幸運のパスポートである。

自分の想いが
自分を創る

積極的な態度は、強いエネルギーを湧出する。

日常生活は感謝の心を実践する訓練の場

心の生活

① いま、自分は神と共にあることを自覚している

② いま、素直な心で生活し、多くの智慧を出している

③ いま、自分の想いが環境をつくっていると自覚している

反省は
明るく
楽しく
生きるために行う

人格向上の特急券
それは
感謝の心

向上とは、心の安らぎを深めていくことを言い、そして、向上するためには常に「神さまだったら　どうされるだろうか」と自分自身に問い質すこと。感謝の心は、思いやりと愛の心、そして反省の心まで引き出すのである。

感謝に始まり感謝に終わる

自分の心は、永遠に、生き続ける生命エネルギーとして存在する。本来のすばらしい神の子の心を、我々は持っている。どこまで行っても、自分のものは心をおいて他にない。だから、一番大切なものは「心」である。

心には、想念帯という所があって、二十四時間・年中無休で、我々の生活が記録集積されている。過去から現在のいま、この時まで、どれだけ生まれ変わったか、その過去世も就眠中の夢も含め、すべて記録されている。

何年何月何日・いつ・どこで・何を・どのようにしたのか、それは、どのような考えであったのか。思いと行いのすべてが記録集積されていると言われている。

すべての環境は、学ぶためのものである。何を学ぶのか、何を学ぱされているのかは、大切な「心」を中心に考えなければならない。

そして、本来の素晴らしい自分の心をとり戻していくのが、いま与えられている環境であろう。

家庭環境も、職場環境も、日常生活すべての環境は自分の心の学習であると言っても過言ではない。どれも、自分の心を向上させる環境であり、日々、人格の向上をするようにプログラムされている。

特に、最近感じることは、永遠に生きる「心」がある限り、反省も永遠の課題だと思うのである。老若男女を問わず、何が正しくて、何が間違っているかを知り、自分の間違いを正して、少しでも心を清く、安らかにして、真理を知っていく反省は、永遠の課題となるであろう。

そして、その都度「気づかせて頂き、ありがとうございます」と、感謝し、間違いを正す努力をしていこう。何はさておき、先ずは感謝の心を引き出すことだと思う。

なぜなら、感謝の心は全てを思善にするからである。

病気をしても「間違いに気づかせて頂きまして、有難うございます」と、まず感謝をして、どこに間違いがあったのかを考えていく。

なぜ、病気をするのか。それは、病気をすることは間違いの警告だということを知っておくべきだろう。

また、最近、少し気になることがある。それは何かと言えば、他人の話を鵜呑みにしている人が多いことである。

もう少し、ものごとを深く考えるようにするためには、どうすれば善いのだろうか。

人間から考えることをとれば、どうなるのか。それは、人ではなくなるのではないか。自分の考えを持つためには、何かの基準を設ければいいと思う。

それは、常に「なぜ」「どうして」と自問自答することだろう。言葉に出して、自問自答していくと考えが深まっていく。

どんな方法でもよい。何が正しくて何が間違いなのかの答えを早く求めないで「なぜ、こうなっているのだろうか」と原因を探していくと、考える習慣がついていくだろう。

少しでも考える力をつけることによって理解が深まっていく。

理解力が深まれば器も大きくなり、プラスに考える智慧も出てくる。

善いことを想う時間が長ければ長い程、心は安らかになり、善い考えも浮かんでくる。

要は、何に対しても、どのようにすれば感謝できるかである。

学ぶ姿勢をもち、間違いに気づくことが最優先されるべきだろう。そこに自ずと感謝の心が出てくる。

反省の源である「してよいこと」「してはいけないこと」の、幼い頃の躾が大切だと痛感させられる。

反省していく基準は八正道であり、慈悲と愛の心であることに変わりはない。

感謝に始まり感謝に終わるとは、自然の中で生かされていることに対してであり、人々と仲良く、助け合い、補い合い、励まし合い、生かし合い、許し合う、調和の生き方に感謝せずにはいられない。

人間は
教育することによって
人間となる

人間は人間らしく育てないと人間にならない

インドで発見された「狼少女カマラ」は、八歳位まで狼に育てられていたところを、アメリカの宣教師によって発見された。その後、その牧師の手で育てられたが、言葉も話すことができず十七歳で亡くなった。

この事例は、「人間が教育しないと人間には育たない」、「人間の生活する環境で育っていないと脳の成長が遅れる」ことが大変よく解る例だと思うのである。

自分を大切にすることとは
積極的に善行することであり
多くの人々のお役に立つことである

自分を大切にする秘訣は
悪いことはやめて
善いことだけを実践することである
ただ　ありのままに　あたりまえに

いま自分に関することで
あまりよくないことが起こっている人は
ものの見方・考え方を変えてみる

どのように変えるかと言えば
いま　目の前に涌き出していることは
自分を成長・向上へ導くための反省材料だから
そのことが起こってきた原因はどこにあるかを
考えてみる

心を育てる五つの柱

心を育てる第一は、
大宇宙の生命自らを分け与えられたものが
自分であることを知る
心を育てる第二は、全てに感謝する
心を育てる第三は、反省をする
心を育てる第四は、人間関係の調和
心を育てる第五は、人間には明確な役割があることを知る
男の役割、女の役割である

人生三本柱で生きる

人生の基本柱一つ目は、全てに感謝
人生の基本柱二つ目は、知るべきことを知る
人生の基本柱三つ目は、やるべきことをやる

こころの言葉

日常、我々が、なにげなく遣う言葉でもって自分自身の人生を、よくも悪くもしている。

人生をよくする言葉の柱は三つ、①挨拶　②ハイ　③感謝　である。

話し言葉は、自分の心の中に既に表れている。心の中に表れた想念が言葉として表現される。だから　心の中に、よい想念を抱けば、よい言葉として表現され、悪い想念を抱けば、悪い言葉として表現される。

その言葉は、発したもの、つまり自分に返ってくる。

また、話を聞いた人は、どのように、自分で理解し、処理をしたかによって自分の生き方に影響を受ける。

ここで、人生をよくする言葉の三本柱を説明すると

① 挨拶

心を開いて、おし進む。挨拶は、前向きに肯定的に積極的に行動する心の現れ。

② ハイ

拝する。尊敬する。「ハイ」と応答する人は、相手を尊敬し、仲良く生きようと拝する心の現れ。

③ 感謝

心に感じたことに報いる。ありがたく思う、そのことにお返しをする。報いる。

何事にも感謝の心を現すと、生き生きとする。ものごとがうまく運ぶ心の現れ。ものを大事に扱う心は感謝の現れ。

最近、相談ごとの解決法として、この言葉の柱を活用している。

小学四年生の子供が、親の言うことを聞かなくなった。どうすればよいか？　お母さんからの質問である。

「子供は親の鏡であり、親の先生は、わが子なのです」

「子供に限らず、相手が言うことを聞かないのは、あなた自身が言うことを聞いていないからではないのですか」

「親が、相手の言うことを素直に聞けば、お母さんの言うことを素直に聞く子供になりますよ」

「まず、第一に、ご主人なり、誰か相手の方に呼ばれたら『ハイ』と返事をする。その環境を繰り返しているうちに、子供は、もとの素直な子供に戻っていますよ」

と話をした。二ヶ月程して「ありがとうございました」とお礼の電話があった。

先日、新幹線で出張の帰り、岡山から乗車の若い男性が、隣の席に座った。その男性は二十五〜六才位であろうと思われる。

早速に包みを開いて食事をする。ほぼ、満席の車内は、息苦しい感じだが、そんな中で、その男性は、両手を合わせて小な声で「いただきます」と丁寧に挨拶をして食事をした。

感心な人だなぁと思い、そっと横顔を覗いて見た。きりっとした顔立ちで、非常に好感がもてた。

食事が終わると、また、両手を合わせ、何かはっきりとは聞き取れなかったが終わりの挨拶だったように思えた。空弁当の後片付けをして、お茶を飲み読書に耽っていた。

降車駅に着いた。すがすがしい気持ちで電車を降りた。心に強く残る場面だった。

最近、私の目に入ってくる情景は、好感のもてる青年や、見知らぬ土地で優しく親切に応対していただいたご婦人など、躾の行き届いた、心温まる人たちが多い。

ふと、幼い頃の故郷を、思い出している。

自分のことしか考えない、自分さえよければそれでよいとする人も多い。しかし、礼儀を弁え、相手を気づかう心を忘れていない人々に多く会えるようになったことに感謝している。

省略された日本語が多い、最近の話し言葉を聞くにつけ、益々、本来の日本語の良さを懐かしく感じている。

易経に、次のような言葉がある。

「乱の生ずる所は、則ち言語を以て階を為す」

混乱が生ずる発端は、人々の言葉の遣い方用い方にある。だから、言葉は、よく考えて遣わなければならない…とある。

明るく、楽しく、素直な心からは、積極的な言葉がでる。

他人と話をするとき、話す側の心の状態が、言葉には明確に現れるものである。

家庭や職場に於いて、この言葉の三本柱は、明るく人生を歩む上で、大変重要な言葉であり、心の持ち方であると思う。

日常の生活の中で心の温まる出来ごとを、いっぱい、つくりたいものだ。

親と子の縁

二百年前から決められていた親。

このところは、高橋信次先生の話が分かり易い。人間はみな、神の霊より発した神の子である。人間はこの世に生まれてくる時、永い輪廻転生の経験の中で、親となり子となり、ある時は子供が親であったり、親が子供であったりした経験の中から、その人が過去世で犯した業を解消し、さらに魂を磨き向上させていく。そのためには、誰を親として生まれた時に、一番魂が向上できるか、親となってくれる人は、誰を子供とした時に、親となって一番魂が磨かれるかを、多くの魂の中から選ぶのである。

そうして、「あなたは、どうぞ私のお父さん、お母さんとなって、私を生んでください。そうして、あなたをお父さんとし、あなたをお母さんとしてでなければ、勉強できない魂の勉強をさせてください」とお願いをし、その父となり、母となる魂は、子供となる魂に対して、「あなたは、どうぞわたしの子供として生まれてください。もし親が勉強しなければならないことで悪いことをしたら、病気をするなりして、『お父さん、お母さん、それは間違いですよ』と教えてください。それでも親が気づかなければ、あなたが死ぬなりして親に注意を与えてください」という約束をするのである。

だからして、その親が、どんなに人の子の親らしくない親であったとしても、そういう親を親とするのは、自分の過去世の業を消滅し、魂を向上してゆくために、自分が選んだのであるから、どんな親であろうとも感謝していかなければならないのである。

そうであるがゆえに、昔から日本では「報本反始《ホウホンハンシ》」といって、神に、祖先に、親に感謝することの大事さを教えられたのである。

ウィリアム・アイゼン著　園頭広周訳　解説「アガシャの講義録」より

自分を愛する人は
先祖・両親・兄弟姉妹を
友人・同僚・上司部下を大切にする
また、故郷・日本・世界各国を
よく理解し、大切にしている

人生をどう生きるか
目標に向かって積極的に
行動する生き方もあるだろう
また
神と対話する生き方もあるだろう
要するに
人格向上をする生き方が最高である

親孝行を教えるのにはどうするか

① 指導の立場にある父や母や教師が、自らの親に対する孝行を実践し、親孝行の気持ちが随所ににじみ出る人格を持つこと
② 折りにふれて自分の親を子供に語って聞かせること
③ 子供から尊敬と絶対的な信頼を寄せられる親になること

そうなるために必要な条件

① 言うまでもなく、夫婦の和合
② 子供に言うことと親の行いが一致していること
③ 人にはやさしく、自分にはきびしい姿勢をもつこと
④ 感謝する心を持ち感謝の気持ちを表せる人間になること
⑤ 人のために働くということ

井上叡著「しつけ革命」より

日常生活をしていく中で「誰々が言った」からではなく「何が正しいか」で判断すべきだ

プラスエネルギー

・感謝・愛・慈悲・調和・謙虚・努力・勇気・素直・反省・赦す・整理・清潔・丁寧…など、これらのエネルギーを生かせば、心は安らかになり幸福になっていく。

・心の安らぎを深め、幸福になりたい人は常にプラスの心のエネルギーを生かし、行動すればよいことになる。

マイナスエネルギー

・不平・不満・愚痴・怒り・嫉み・軽蔑・憎しみ・虚栄・不信・傲慢・乱雑・不潔・自己中心・劣等感…などこれらの、エネルギーを働かせると、病気をしたり、不幸になっていく。

思うことは自由なのであるが、幸福になる人と不幸になる人の分岐点は、心のエネルギーをプラスに働かせるか、マイナスに働かせるかの違いだということである。

共生の地球へ

人間が生きる正しい道を忘れた現在、子供が親を殺す、また親が子供を殺害する、離婚者も増え、家庭崩壊へと進んでいる。

自分の思うように事が進まなければ、平気で邪魔者を殺す。自分さえよければ他人はどうでもよい利己主義者が多い。なんと悲しいことか!

物質至上主義、金銭万能主義の動物の園と化してしまいつつある時代となっている。

我々は、このような世の中を望んでいたのだろうか。否である。

自然と人間、人間と人間、人間とモノこれら全てに神の生命が宿り、相関関係を保ち、人間が生活をする心中心の時代へと移さなければならない。決して、動物の園になってはいけない。

物中心の時代から、心中心の時代へ移し、精神と肉体、そして経済のバランスのとれた地球天国、つまり理想の世界を実現しなければならない。なぜなら、真の幸せを求めているのが人間であり、神の子としての使命があるからである。

地球人類は、世界のどこに居て生活をしようとも、自然と共に生きる心を大切にし、人間の生きる正しい道を知り、それぞれの文化文明の善いところを学び、伝統ある国家を築き、お互いに尊敬と信頼の関係を築き、常に真理を知るための反省を行い、全てに感謝のある生活をすれば、必ず、地球天国を実現することができるものと確信している。

お互いの国と国、家庭と家庭、個人と個人が仲良く、助け合い、励まし合い、補い合い、許し合って、明るく、楽しく、素直に生き、多くの人々のお役に立つ生活をすれば、地球天国の実現は早くなるだろう。

日本は、経済的にも、環境的にも世界一人間らしい幸せな国家を築き、世界の範を示さなければならないと考える。なぜなら、自然と共に生きることができる人間が日本人であり、世界で唯一の被爆国であるからだ。

人間性、経済力、環境に於いて範を示すことができる国、それが日本だろう。軍備がなくても、善行を進められる大和魂が日本人にあればよいが、望めそうもない。まして自己保存、自我我欲の強い人類を相手に地球天国実現に向けて、何をどのようにすればよいのだろうか。

それは、教育改革と善行推進実践力を必要とする。

まず、日本国家の再建は教育改革をおいて他にない。

教育改革の基本は「人間は神の子」を原点におき、人格の向上、人間の正しい生き方、男の役割、女の役割、子供の教育、家庭教育、学校教育、指導者育成（国家・企業・教師など）、母親教育など、精神力、知識力、行動力を中心に展開されることを提案したい。

中でも、歴史は正しい認識をしておかないと方向を間違うことになりかねない。

また、世界各国の文化文明、教育、思想、習慣を充分に把握する必要があるだろう。各国によって随分と教育、思想、習慣が違う。謝ることをしない国民性がある国も多い。

世界中どこの国でも変わらない、またいつの時代でも変わらないのが真理の条件と教わった。

日本人は外交においても、商談においても、常に、自然の法則を学び、人間性豊かな表現を強調すべきだろう。

また、人間の基本的欲求事項七項目は、多くの場で活用し生かせると考える。
①　愛し愛されたい　②　尊敬されたい　③　認められたい
④　ほめられたい　⑤　お役に立ちたい　⑥　健康でありたい
⑦　安心して生活できる収入を得たい…
は智慧を働かせば充分に生かせる事項である。

地球天国実現へ向けて、その第一歩は、まず親孝行からはじめる必要がある。国家の基は、家庭であり、家族であるからだ。

家庭は、心の勉強をするところと考えよう。どのような家庭環境でも、親のいない子供はいない。親と死別、生き別れ、また片親で育てられた子供も多いだろう。両親に育てられた人も当然のこととして多い。

いずれの環境にしても、多くを体験し、親の大事さを知っていく。親には感謝し親孝行するようになっている。親不孝をして親を困らせると、その分だけ自分に不幸がはね返ってくる。だから、親不孝を反省しなければならない。

どのような状況にあっても、子供は親に感謝しなければ幸せになれないことになっている。

子供の親不孝に泣く親は、親自身の親不孝を反省するように子供が教えてくれている。子供に深く感謝をして生活態度を改めていくことが先決である。

地球天国は、まず、親孝行を実践して、一歩前進する。

親、この愛深き人間に感謝しよう。

自己確立

われわれは、よい社会、よい世界、よい国家、よい家庭、よい会社を望んでいる。いまの世の中は、われわれが望んでいるよい社会を築くための教材ばかりのように思えてならない。

よい社会を築いていくためには、どのようにすればよいのかを考えてみたい。

人の集まるところには、必ず、指導者が存在する。

国家には、大統領や首相、その下で働く官僚。家庭には、世帯主、主人がいる。会社は社長や役員、そして経営幹部がいる。それぞれの組織体には、このように指導者がいる。

指導者の善悪《よしあし》で、国家・家庭・会社等、社会は随分と変わるものだ。

国家の舵取りは、大統領や首相がする。その決断に誤りがあると、国民は不安な社会生活を過ごすことになる。不安な社会は、決してよい社会ではない。

家庭では、世帯主が一家の舵取りをする。子々孫々、受け継いできた伝統・文化・家風等を次の世代へ、しっかりと引き継ぐ役割が家庭の指導者にはある。

「世間が…」「みんなが…」という言葉に流されていると、気が付いたときには、家庭としてのまとまりがなく、崩壊寸前となる。

会社は経営者である社長を中心に、役員や経営幹部の指導者がいる。最高責任は勿論、社長である。社長が情報を分析し、的確に判断して決断を下している会社は伸びているよい会社である。反対に、判断を誤り、倒産寸前若しくは倒産した会社は、経営者の責任である。従業員は路頭に迷う。失業者が増える現象を見ると究極は社長の責任である。

指導者、つまり組織体は指導者如何であろう。国家にしても、家庭にしても、会社にしても、指導者の責任は大きく重い。

そこで、まず、考えなければならないことがある。それは、人々の幸せであろう。

国家の場合は国民の幸せを考えなければならない。政府、政治家、官僚全てが意志統一をして、国民が幸せになる正しい道を判断し、選択しなければならない。

現政府に言えることは、外に気を使い過ぎて国民の負担が多くなり犠牲になっている。まず、自分の国の安定を図ることが先決ではないだろうか。グローバルースタンダードとか、国際社会では…とか言う前にはっきりものの言える日本国家にすべきではないのか。

多くの意味を含めて、憲法改正と教育改革は絶対に実施しなければならない課題である。日本の伝統文化をとり入れた人づくりは必ず世界中の人々に幸せをもたらすであろうと思われる。

家庭に於いては、家族の幸せを考えない親はいないだろう。その親がどのような親であっても、その親のもとで学習をさせていただくことに家族は感謝しなければならない。

家庭の指導者である主は、どのようなことがあろうとも、お互い助け合い、励まし合い、補い合って生きていく家族の絆を、しっかり築かなければならない。

いつの頃からか、自分さえよければ他人はどうでもよい利己主義者が増え、邪魔者は消せとばかり、人間の尊い生命を平気で奪う人が増えている時代になった。

ならば、なおさら、家庭での絆をしっかりと持ち、世間の風潮に流されることなく、幸せの道を歩んで行くように努めなければならない。

親に感謝する生活をすれば、悩みの殆どは、解消することはまちがいない。

働く人々の幸せを考える会社は、どのような事態になっても、必ず道は開け、立ち直れる。

特に最近、現場で感じることは、愛社精神のある会社は継続的に利益確保を積み重ねている。逆に、愛社精神の少ない従業員の会社は、極端に黒字になったり大幅に赤字になったり安定した経営がなされていない。

派遣社員の扱い方如何では、組織活動の根本を考え直さなければならない事態も起るだろう。

いま、一人ひとりが「自分を経営しているのは自分だ」ということに目覚め、どのように生きるかを自覚しなければならないときだ。と同時に指導者はしっかり学習をして、自己確立に努め、多くの人々の幸せを実現しなければならない使命がある。

その第一歩は全てに感謝することをおいて他にない。

人は反省することによって前進する

次の十ヶ条をよく知って反省すればよい

① 全てのことは、心に原因があることを知ること、自分が運命の主人公であることを知ること

② 暗い安らぎのない心であったら将来はどうなるであろうかという怖れをもつこと

③ 深く「すまなかった」という思いを起こすこと

④ どうすれば心を安らかにすることができるのか、その方法を求めること

⑤ 心の奥底に潜む暗いものを全部さらけ出してしまうこと

⑥ もう少し続けたいと思うような未練な思いをやめること捨てること

⑦　きれいに心の整理が出来たら、次は正法を実践して行くと決心することである

⑧　正法を実践した結果、多くの人を救わずにはいられない思いが自然に起こってくる

⑨　この世の一切のものは一大生命エネルギーによってつくられている。全てに感謝しなければならない

⑩　罪というものをいつまでも掴んでいてはならない。罪を心から放しなさい

※反省の基準は八正道である

園頭広周著「宇宙即我に至る道」より

一切は相依性である

お釈迦さまは、この世界は、人と人、人と物、人と自然、人と動物・植物・鉱物などの相互関係にあって、一切は大調和しているということを「一切は相依性である」と言われました。

相依性をわかりやすく言うならば、人間は一人では絶対に生きられない、いろいろな人、いろいろな物との関係の中で、生き生かされているのです。

唯物論を信じている人達の中には、「おれは誰の世話にもならず一人で生きている」とうそぶいている人がありますが、では、その人が住んでいる家は誰がつくったか、その人が着ている物は誰がつくったか、その人の食べている食物は誰がつくったか。家も着物も食物もみんな自分でつくったというなら、では、その人が呼吸している空気は誰がつくったか、水は誰がつくったか、太陽は誰がつくったか。一切は相互関係にあるということがわかったら、自己中心、自己保存の心が生ずるのは、おかしいということになります。

高橋信次著「真の経営者への道」より

園頭広周著「正法と経営人間主義経営学」より

あとがき

その悩みは、まちがいの警告だと考え、苦しみや悩みを解決してきた私は、第一に怒らなくなった。

日々、人との関係において、怒り心の起こる人は多い。その時、腹を立てているのは自分なのに、他人を攻めている自分に気づく。

怒りは心の三毒の一つと言われているが、怒り心を少なくしただけで、随分と楽しい人生に変革した人もいる。

心は永遠に自分のものであり、本来のすばらしい自分に戻るための学習の場が人生である。

その生き方は、自然の法則を知ることであり、反省と感謝、そして、知ったことで善いことは実践することである。

常に、善い想いが続けられるようになれば、人生はバラ色だろう。到達地点を私はそこに置いている。

よく学び、よく実践し、豊かな心をつくり、幸せな人生を歩みたいものだ。

参考資料

心の原点	高橋信次	三宝出版
人間釈迦（全四巻）	高橋信次	三宝出版
心行の解説上下	園頭広周	正法出版社
園頭広周書簡集	園頭広周	正法出版社
宇宙即我に至る道	園頭広周	正法出版社
高橋信次師のことば	園頭広周	正法出版社
正法と経営	園頭広周	正法出版社
アガシャの講義録	ウィリアム・アイゼン 園頭広周解説	正法出版社
しつけ革命	井上　叡	ミリオン書房
生きる	石田勝正	愛光出版
易経　新釈漢文体系	今井宇三郎	明治書院
大学　新釈漢文体系	赤塚　忠	明治書院
東洋経営学入門	伊藤　肇	ごま書房
日本とはどんな国か	園頭広周	正法出版社
日本の敵	渡部昇一・馬渕睦夫	飛鳥新社
女の子の躾け方	浜尾　実	光文社

著者・編者略歴

熊澤次郎（くまざわじろう）

１９３９年滋賀県に生まれる。

１９７０年から経営アドバイザーとして熊澤企画相談所主宰。

自然の法則や古典から、原理原則を学び心と実践を中心とした

経営指導・人材教育・講演活動・人生の悩みの相談等を行う。

江戸時代碩学者　熊澤蕃山　第１１代末裔

◇勉強会開催中

人間学講座「知行合一」勉強会・「人間釈迦に学ぶ会」

「ＬＯＧ式経営法」経営勉強会

お問い合わせ　熊澤企画相談所０６-６２０１-０７１５

著　　書「考えよう・いま一度・もう一度」

「いま自然の心をとり戻すとき」「心の雑学」

「家庭が国家をつくる」「心が安らぐ道」他多数

教　　材「知行合一」「覚醒」「事業成功への道」他多数

その悩みはまちがいの警告だ

発行日
2015年8月18日

著　者
熊澤次郎

発行者
久保岡宣子

発行所
JDC出版
〒552-0001　大阪市港区波除 6-5-18
TEL.06-6581-2811　FAX.06-6581-2670
E-mail : book@sekitansouko.com
郵便振替　00940-8-28280

印刷製本
(株)シナノパブリッシングプレス

©Jiro Kumazawa 2015. Printed in Japan.

熊澤次郎の本

心の雑学

熊澤次郎 著

人は誰でも　幸せになりたいと思っている
だから　ほんとうに幸せになりたいのなら
覚悟することだ　幸せの道以外には進まないと…
すべては　こころの問題なのである

B６判　一一六頁　九〇〇円＋税

日めくり　考えよう

本才 著

こころを豊かにするために

文庫サイズ　六二頁　八〇〇円＋税

●お求めは全国書店、または JDC 出版へ●

JDC
〒552-0001　大阪市港区波除6-5-18
TEL.06-6581-2811　FAX.06-6581-2670
http://www.sekitansouko.com　E-mail:book@sekitansouko.com